COURS

DE

PERSPECTIVE LINÉAIRE.

Déposé conformément à la loi du 25 janvier 1817.

IMP. DE G. STAPLEAUX, A BRUXELLES.

COURS

DE

PERSPECTIVE LINÉAIRE

A L'USAGE DES ARTISTES,

DES PEINTRES, DES ARCHITECTES, DES GRAVEURS, DES DÉCORATEURS,

ET DE

TOUTES LES PERSONNES QUI S'OCCUPENT DU DESSIN,

PAR

J.-B. GRATRY,

Ancien élève de l'école militaire de Bruxelles.

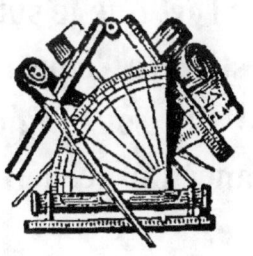

Bruxelles, Gand, Leipzig.

LIBRAIRIE DE C. MUQUARDT, ÉDITEUR,

Et chez B. VAN DER KOLK,

Galerie du Roi, 3, (Galeries St.-Hubert),

à Bruxelles.

—

1855

A MONSIEUR

CHARLES VAN DEN BERGHEN,

Chevalier de l'ordre Léopold.

Monsieur,

Les sciences et les arts ne se recommandent pas toujours d'eux-mêmes. L'appui que leur accordent les hommes de goût et d'intelligence est une sorte d'attraction sympathique qui entraîne l'opinion et consacre le vrai mérite.

C'est pour rendre hommage à votre participation éclairée au progrès de l'art que je suis heureux de vous dédier une œuvre destinée à l'éducation artistique.

Placer un ouvrage utile sous l'égide d'un nom aimé, c'est lui assurer d'avance un accueil bienveillant.

J'ai l'honneur d'être,

Monsieur,
Votre tout dévoué serviteur,
J.-B. GRATRY.

Bruxelles, 15 septembre 1854.

PRÉFACE.

Les auteurs qui ont écrit sur la perspective linéaire peuvent se diviser en deux catégories : les uns ont traité cette matière d'une manière abstraite et spéculative ; les autres, moins versés dans les sciences exactes, n'en ont fait qu'une étude accessoire, accidentelle, applicable à leurs occupations de chaque jour. Ceux-ci sont des artistes, ceux-là sont des mathématiciens.

Parmi les ouvrages publiés par les artistes, plusieurs traités sont écrits avec soin, mais tous laissent à désirer sous le double rapport de la simplicité des règles et de la didactique. La multiplicité, l'obscurité des préceptes, le manque d'enchaînement, le défaut de liaison dans les parties, empêchent de saisir l'ensemble des procédés. Bientôt l'élève, embarrassé par le guide même qui devait lui indiquer la route à suivre, finit par se rebuter de l'étude d'une science qu'il lui est impossible d'approfondir et qu'il ne peut, tout au plus, appliquer aux arts que d'une manière équivoque et défectueuse.

Il reste donc beaucoup à faire pour mettre la perspective linéaire à la portée de tous ceux dont les connaissances mathématiques ne sont que superficielles. En géométrie, vingt propositions, à peu près, trouvent leur emploi dans la mécanique et dans l'astronomie; le reste est un exercice, une recherche pénible, fatigante, mais qui, cependant, sert à donner au jugement plus de rectitude. La perspective linéaire, considérée au point de vue artistique, peut être semblablement renfermée dans un nombre fort restreint de principes. Tel est l'objet principal de ce travail. Nous nous sommes efforcé de rester clair et précis, sans nous étendre au delà du nécessaire. Il nous semble, en effet, tout naturel qu'une théorie spéculative ou complexe, répugne toujours à un homme d'imagination que des travaux exceptionnels, personnels et tout de sentiment, éloignent sans cesse des abstractions sérieuses.

Parlerons-nous de l'utilité de la perspective linéaire dans les arts et du rôle puissant qu'elle joue dans la peinture? Tous les grands artistes sont unanimes à cet égard, tous ont reconnu que cette science est la base du dessin, « le timon de la peinture (1), » et que la perspective aérienne emprunte de là toute sa force et toute sa magie.

On voit souvent la critique faire remarquer le manque de discernement, l'absence de goût qui caractérisent les œuvres de quelques artistes. Le domaine de l'art est immense, puisqu'il embrasse la nature entière, c'est-à-dire ce qu'il y a dans l'univers de plus changeant,

(1) Léonard de Vinci.

de plus varié et de plus capricieux. D'où proviennent alors ces écarts de l'artiste qui nous choquent et qu'il semblait même, pour ainsi dire, si difficile de se permettre ? Il faut l'avouer, le défaut d'instruction est un obstacle permanent au développement de toute faculté créatrice ou esthétique. Dans la crainte d'aborder un champ nouveau, on suit bénévolement une route battue. Au contraire, si l'on veut sortir des limites ordinaires, on tombe dans le doute, parfois même dans l'absurde, et l'on s'éloigne sans retour du but qu'on voulait atteindre. C'est qu'une base solide, c'est qu'une forte éducation a manqué à l'homme de talent qui a cru pouvoir se passer de l'appui des sciences.

Indépendamment du sujet, la critique s'attache encore à la couleur, à l'harmonie et à toutes les appréciations qui dépendent, en grande partie, des sentiments individuels. Mais elle s'occupe rarement de la perspective linéaire. Il ne serait pourtant pas inutile d'analyser sérieusement et exclusivement cette branche de l'art dans les meilleures œuvres de nos expositions nationales. Un travail de cette nature contribuerait au progrès, car les œuvres d'imagination ne sont complètes, ni leur valeur esthétique, réelle, que si toutes les parties qui les constituent sont d'accord entre elles, intimement liées à l'ensemble, de manière que les yeux et l'esprit soient pleinement satisfaits par une parfaite illusion.

Nous trouvons assez souvent que certaines productions ont peu de valeur aux yeux du public, bien qu'elles brillent par des qualités de couleur, d'harmonie ou de conception, tandis que d'autres fort inférieures sous tous ces rapports leur sont cependant justement préférées. Ce jugement se fonde sur la sage ordonnance des parties et sur l'heureux agencement de la perspective linéaire, qui relève l'ensemble et assigne à ces productions un rang que les autres ne sauraient ambitionner.

On ne peut donc trop insister sur l'importance de la perspective linéaire. Le beau idéal, dit Platon, est la splendeur du vrai. Ce beau idéal procède nécessairement d'une imagination que la science et la nature éclairent pour arriver au plus haut degré de vérité, c'est-à-dire au dernier degré de l'art, pour ne point dire au sublime. La science y est donc partie essentielle et intégrante. Pour l'artiste, la perspective linéaire est le guide qui doit soutenir ses inspirations. Sans cet appui, la liberté de conception est toujours entravée, l'essor est comprimé et l'œuvre est imparfaite ou manquée. Vouloir s'en affranchir ou en atténuer l'importance, c'est préférer l'impossible au réel, c'est vouloir l'effet en supprimant la cause ; c'est, enfin, faire approuver en soi ce que l'on n'oserait jamais approuver dans autrui.

Les problèmes que renferme ce recueil sont presque tous résolus d'une manière nouvelle. L'ordre et la liaison qui les unissent sont tels qu'il est facile d'en saisir l'ensemble et d'en retenir les préceptes, pour les appliquer ensuite aux compositions ou aux études que l'on a faites d'après la nature. Nous avons travaillé, nous le répétons, dans le but d'être utile aux artistes, et c'est à eux spécialement que nous offrons cet ouvrage.

Dans les meilleurs traités de perspective linéaire, l'ensemble des procédés comporte la résolution d'un nombre considérable de problèmes ; dans celui-ci, toute la science est comprise dans vingt-cinq propositions.

Nous appelons particulièrement l'attention sur les problèmes si importants des parallèles perspectives et du cercle. Nous espérons que les solutions indiquées satisferont à toutes les exigences.

La *théorie élémentaire de la projection des ombres* est résumée de la manière la plus succincte. Elle est suffisante néanmoins pour tous les cas qui peuvent se présenter dans la pratique.

Pour faciliter l'intelligence des explications, nous avons *multiplié les figures* de telle sorte que chaque tracé se rapporte à un seul problème, ou à une seule remarque du texte. Nous évitons ainsi les complications de lignes auxiliaires et de construction. Elles se produisent souvent dans les opérations graphiques, lorsqu'il arrive qu'à la même figure se rattachent les solutions de plusieurs problèmes.

Enfin les notes supplémentaires servent à compléter certaines solutions ou à en proposer d'autres.

Il nous reste à dire quelques mots sur la géométrie élémentaire appliquée à la perspective linéaire.

La plupart des traités de perspective sont précédés de notions de géométrie, car les professeurs de perspective savent que cette science leur est d'un secours immédiat. — En effet, les applications de la géométrie à la perspective linéaire se rencontrent à chaque pas. On peut même dire que celle-ci repose autant sur les éléments de la géométrie que sur les phénomènes de l'optique générale. — Ces deux sciences sont donc intimement liées entre elles. — Toutefois, nous avons cru devoir omettre les notions préliminaires de la géométrie et entrer directement en matière. Ces notions se rencontrent dans tous les livres élémentaires de géométrie; nous ne nous arrêterons pas à les définir. Notre but, nous le répétons encore, est d'être tout à la fois neuf, bref et complet. Le lecteur appréciera si nous avons réussi, et si ce travail consciencieux est digne de son suffrage et de ses sympathies.

J.-B. G.

NOTIONS PRÉLIMINAIRES.

La perspective linéaire est une des branches de l'optique générale. Elle enseigne à représenter, sur une surface plane, le contour apparent des objets dans leurs situations respectives.

On peut avoir à dessiner un intérieur de bâtiment ou de ville; une vue de campagne, de forêt, etc.; ou bien encore, un ensemble de personnages groupés dans un ordre particulier. La perspective linéaire apprend à reproduire ces objets selon les différences qui résultent de leur degré d'éloignement, et de la même manière que s'ils étaient vus à travers une surface transparente, — par exemple, une vitre placée entre eux et l'œil.

Tableau. — Le plan qui sert à représenter l'ouvrage de la nature se nomme *tableau*. Il est généralement supposé perpendiculaire à l'horizon; mais on verra, par la suite, qu'il peut toujours être placé dans une position quelconque.

Rayon visuel. — Le rayon visuel est une droite partant de l'œil pour aller aboutir à un point de l'objet observé.

Angle visuel ou angle optique. — C'est l'écartement des deux rayons visuels menés aux extrémités d'un objet.

Cet angle varie nécessairement avec la distance et

aussi avec la conformation de l'œil de l'observateur. Néanmoins il est rarement plus petit que 45 degrés et plus grand que 60.

Cause de la diminution apparente des objets. — La diminution apparente des objets tient à une cause toute physique. En peinture on dit que les lignes fuient, que des surfaces s'évanouissent, etc. ; mais dans la nature rien ne fuit, rien ne s'évanouit. Tous les phénomènes qui frappent, sont des images reproduites sur la rétine de l'œil. C'est ce que l'on nomme des illusions d'optique. Exemple : Si l'on considère une allée d'arbres, l'angle visuel sous lequel les deux premiers sont vus, fait apprécier l'intervalle qui les sépare. Cet angle diminue de grandeur au fur et à mesure que l'on observe les seconds arbres, les troisièmes, etc. Ceux-ci paraissent donc s'éloigner de plus en plus et indiquent la fuite perspective.

La perspective d'un point est la rencontre du tableau avec le rayon visuel mené de l'œil à ce point. Soient ABCD (fig. 1, pl. 1.), le tableau, O la position de l'œil et P le point observé. La perspective de ce point sur le tableau est en E.

La perspective d'une droite est la ligne qui joint, sur le tableau, la perspective des deux extrémités de cette droite.

Soient ABCD le tableau (fig. 2.), O la position de l'œil, EH la droite observée. La perspective de cette droite est E'H'.

La perspective d'une figure rectiligne ou polygonale est une figure semblable à la première, qui s'obtient en déterminant la perspective de ses différents côtés.

Ainsi le polygone EFGHI (fig. 3,) est représenté en perspective par le polygone semblable E'F'G'H'I'.

En général, la perspective d'un corps s'obtient par la perspective de toutes ses faces apparentes pour une même position de l'œil de l'observateur.

Horizon réel. — On appelle, dans la nature, *horizon réel,* la ligne de rencontre apparente du ciel avec la terre ou avec les eaux quand on découvre la pleine mer.

Cette ligne horizontale indique toujours la hauteur de l'œil de l'observateur et s'appelle, pour cette raison, *ligne du niveau de l'œil.* La fig. 4 donne les positions de plusieurs spectateurs dont l'horizon relatif est indiqué sur le mur E'KMO. Le spectateur A a pour horizon la ligne CD; B a pour ligne d'horizon EF, etc.

Dans un tableau le choix de l'horizon est extrêmement important. Nous en donnerons un exemple en représentant la même vue sous deux horizons différents (fig. 5 et 6.).

Horizon fictif. — L'horizon fictif ou imaginaire est l'intersection du ciel avec la terre, prolongée indéfiniment. C'est l'horizon réel masqué par des montagnes ou d'autres obstacles.

Point de vue. — Le point de vue est la position de l'œil relativement aux objets qu'il embrasse.

La perspective du point de vue doit nécessairement se trouver sur l'horizon, puisque cette ligne est toujours à la hauteur des yeux. (Fig. 4), A' est l'apparence perspective de A, B' celle de B, etc.

La place du point de vue sur la ligne d'horizon est facultative et dépend de l'intention de l'artiste. Mais ce point doit toujours être situé dans le cadre du tableau.

Comme tout déplacement du point de vue apporte des variations sensibles dans les contours des corps, il est clair que *les objets représentés sur un tableau doivent être subordonnés à un seul et même point de vue.* C'est pour ce motif que l'on désigne quelquefois ce point sous le nom de *point central* ou *principal.*

Ligne de terre ou base du tableau. — La base du tableau est son intersection avec le terrain. C'est là que commencent, dans la nature, les objets à représenter. On l'appelle aussi *ligne de terre.*

Distance. — On nomme distance l'intervalle qui sépare l'observateur du tableau. C'est donc l'espace compris entre le point de vue et la ligne de terre.

Point de distance. — Le point de distance est le même que le point de vue, et leurs perspectives se confondent; mais afin de pouvoir utiliser la distance dans les procédés graphiques, on est convenu de la marquer, sur la ligne d'horizon, à droite ou à gauche du point de vue. Ce point devient alors, comme on va le voir, le point de fuite de toutes les lignes inclinées à 45 degrés sur le plan du tableau.

Le choix de la distance est laissé, dans certaines limites, à la volonté de l'artiste, qui peut la faire varier entre deux et trois fois la hauteur des corps à reproduire. Mais dès que ce choix est fait, il doit rester invariable.

Pour bien apprécier l'influence de la distance sur le contour apparent des corps, il suffit d'examiner la figure 7. ABCD représente un carré perspectif tracé sur le terrain horizontal, et IKHM le tableau.

Pour l'œil du spectateur placé en O, le carré ABCD

est vu sous la forme du trapèze ADRS. Si le spectateur se reporte en arrière, en O', le même carré est représenté par le trapèze ADQP, plus petit que le premier. Enfin, si le spectateur s'éloigne davantage et va en O'', il voit le carré sous une figure encore plus petite, ADLM.

Observation. — On ne saurait étudier avec trop de soin les changements qu'apportent aux contours des objets : 1° *la hauteur plus ou moins grande de la ligne d'horizon;* 2° *le déplacement du point de distance; 3° les transpositions diverses du point de vue.* La pratique de la perspective et l'étude des grands maîtres sont les guides de l'artiste ; il est facile de concevoir qu'il devient impossible d'assigner une limite mathématique lorsque l'imagination agit en premier ressort et que la raison, le bon goût et l'expérience peuvent seuls fixer le jugement.

DES PRINCIPES.

En général, dans un dessin d'après nature ou dans une composition, on peut avoir à indiquer, relativement au tableau, la perspective de *trois* espèces de lignes et de *trois* espèces de plans. Mais il ne peut y avoir dans le tableau même et sur l'horizon que *trois* espèces de points de fuite.

Parmi les lignes nous distinguons :

1° Celles qui sont perpendiculaires à la surface du tableau ;

2° Celles qui sont parallèles à cette surface ;

3° Enfin celles qui sont inclinées.

Un plan peut être *vertical, horizontal* ou *incliné*.

Les lignes, quelle que soit leur position, sont toujours situées dans un de ces plans.

Un point de fuite peut être ou *principal* ou *accidentel*. Il peut aussi être le *point de distance* même.

Le point de fuite est *principal* ou *central* lorsqu'il est déterminé par des lignes droites fuyant perpendiculairement à la position du tableau.

Le point de fuite est *accidentel* quand il est placé quelque part sur l'horizon, à gauche ou à droite du point de vue, soit dans la limite du tableau, soit en dehors.

Le point de fuite d'une droite est au *point de distance* quand cette droite est inclinée à 45 degrés sur la surface du tableau.

Telles sont les généralités qui embrassent, en quelque sorte, la science de la perspective linéaire. Il sera bon d'y revenir plus tard, après s'être familiarisé avec la résolution de quelques problèmes. Pour le moment, nous nous bornerons à mentionner d'autres principes qu'il est également important de ne pas perdre de vue.

I. Les figures ou les objets de grandeurs égales, situés dans un plan parallèle au tableau, sont représentés, perspectivement, par des grandeurs égales et semblables aux premières.

Ainsi, les poteaux E, F, G,... (fig. 8.) étant de même grandeur et disposés dans un alignement parallèle au tableau, sont représentés par les figures E', F', G',... égales entre elles.

II. Toutes les lignes parallèles entre elles, situées dans des plans parallèles au tableau, sont représentées par des parallèles.

(Figure 8.) — Si IH est parallèle à SM, les perspectives l'H', S'M' sont aussi parallèles. Il en est de même des autres lignes qui composent la perspective M'H'l'S' du rectangle MHIS.

III. Toutes les lignes parallèles entre elles, tracées dans un plan horizontal, ont un même point de fuite sur la ligne d'horizon.

IV. Les lignes perpendiculaires au plan du tableau vont concourir au point de vue.

V. Les lignes inclinées à 45 degrés sur le tableau ont pour perspectives des droites qui passent par le point de distance, lorsque ces lignes sont situées dans des plans horizontaux.

On peut se rendre aisément compte de ce principe :

(Fig. 9.) Soient ABCE' le tableau, E le point de vue, EV la distance.

Reportons cette distance sur l'horizon de V en D et construisons le carré VDRE en avant du tableau. La diagonale ED partage l'angle droit D en deux parties égales et est inclinée, par conséquent, de 45 degrés sur le tableau ABCE'. Or, toute autre droite située dans un plan horizontal, qui aura la même inclinaison sur le tableau, sera nécessairement parallèle à ED et son point de fuite sera en D.

Si la ligne est inclinée dans l'autre sens, le point d'évanouissement sera en D' à gauche du point de vue.

Remarque. — Il résulte de ce principe que si les lignes inclinées à 45 degrés sont situées dans des plans verticaux perpendiculaires au tableau, leur point de fuite se trouve au point de distance reporté sur la verticale passant par le point de vue. La fig. 9 renversée fera comprendre cette remarque.

PREMIER PROBLÈME.

DÉTERMINER LA GRANDEUR D'UNE FIGURE PLACÉE EN UN POINT QUELCONQUE DU TABLEAU. — ÉCHELLE DE PROPORTION.

Nous désignerons désormais sous le nom de *plan perspectif* tout le terrain horizontal compris depuis la base du tableau jusqu'à l'horizon. C'est une surface parfaitement plane.

(Fig. 10.) — Pour construire une échelle de proportion, on indique la hauteur d'un personnage sur la base du tableau, en E, par exemple, et l'on joint ses deux extrémités E et S avec un point quelconque F de l'horizon.

Toutes les verticales tracées entre ces deux lignes fuyantes seront de même grandeur que la ligne ES.

Si l'on veut reporter cette figure en un autre point I du plan perspectif, on mène par ce point une parallèle IG à la ligne d'horizon, puis on élève la verticale GH' qu'on ramène en IK. On voit d'ailleurs que toutes les figures comprises entre les deux parallèles H'K et GI, auront la même hauteur que la figure ES (principe I).

Pour une figure au-dessus du plan perspectif, en L par exemple, on mène les lignes LM et MP, l'une parallèle, l'autre perpendiculaire à l'horizon ; on obtient ainsi le point P, dans le plan perspectif, pour lequel on opère comme il vient d'être dit. Enfin l'on reporte la distance QR au point L.

Il en serait de même pour déterminer les figures placées en T.

L'échelle fuyante de proportion peut aussi se construire horizontalement sur le plan perspectif. Il suffit de rabattre ES en ES', par un arc de cercle, et de joindre S'F. Toutes les horizontales comprises entre ces deux lignes fuyantes seront de même grandeur que la figure ES.

CONSÉQUENCES DE CE TRACÉ. — L'échelle fuyante sert non-seulement à apprécier la grandeur des figures d'un tableau, mais elle permet de reconnaître la hauteur des édifices, des arbres, etc. C'est ainsi que le piédestal de la fig. 10 a 3 hauteurs d'homme, et que l'arbre placé en U a 7 fois la même élévation.

La position de la *ligne d'horizon* et celle d'une figure à la *base du tableau* étant fixées, les autres figures du plan perspectif doivent invariablement occuper la même situation relative.

Les figures 11, 12, 13 et 14 servent à éclaircir cette observation.

Dans la fig. 11, l'horizon passant par les yeux du premier personnage, toutes les autres figures situées dans le plan perspectif auront la ligne d'horizon à la même hauteur, et un personnage assis en A aura une élévation égale à la moitié de l'intervalle AB, car on sait qu'un homme assis est, approximativement, réduit à la moitié de sa hauteur.

Des personnages placés comme il est indiqué au point C, ne sont pas dans le plan perspectif.

Remarquons encore que, dans la fig. 11, le peintre, placé au point de distance, est debout, puisque l'horizon, qui indique la hauteur de ses yeux, passe par les yeux du personnage placé sur la base du tableau.

(Fig. 12.) — Quand le peintre travaille assis, la ligne d'horizon doit passer à mi-hauteur de toutes les personnes debout, et au niveau de la tête des personnes assises. Les personnages au point A sont au-dessus du plan perspectif.

Dans la figure 13, tous les personnages sont à trois hauteurs d'homme de la ligne d'horizon HO. Pour en placer sur l'estrade S, il faut opérer par l'échelle fuyante, en ayant soin, toutefois, de partir des pieds de la figure dont on veut trouver la grandeur.

Il nous reste enfin à examiner le cas le plus général, celui où l'on aurait à placer des figures sur un terrain accidenté.

On suppose alors que le *plan perspectif* traverse tout le paysage, et on trace, comme précédemment, une échelle fuyante.

On recherche ensuite, attentivement, la situation du point où l'on veut tracer la figure sous le double rapport du plan perspectif et de la base du tableau.

Ce point est alors ramené sur l'échelle fuyante au moyen d'une courbe de niveau. On détermine la hauteur de la figure pour la reporter enfin au point donné (principe I).

La figure 14 indique des personnages placés dans un ravin et sur une montagne, dont les grandeurs respectives ont été déterminées d'après la règle ci-dessus.

(Voir la note 1.)

PROBLÈME II.

UNE DROITE PARALLÈLE A LA LIGNE D'HORIZON ÉTANT
DONNÉE, L'ON PROPOSE DE CONSTRUIRE, SUR CETTE
DROITE, UN CARRÉ PERSPECTIF.

(Fig. 15, pl. II.) — Soient AB la droite donnée, HO la
ligne d'horizon, V le point de vue et VD la distance (1).

On joint les extrémités A et B de la droite au point de
vue (principe IV), puis le point A au point de distance
(principe V). On obtient ainsi le point C, par lequel
on mène CE parallèle à l'horizon. ABCE est le carré
demandé.

1re *Remarque.* — On peut se servir indifféremment
de la distance portée à gauche ou à droite du point de
vue, comme l'indique la figure.

2me *Remarque.* — Si l'on donnait le carré ABCE construit au préalable, sans avoir indiqué la distance, on
retrouverait celle-ci en joignant les points A et C, et
prolongeant cette ligne jusqu'à l'horizon en D. DV
serait cette distance.

(Voir les notes 2 et 3.)

---

(1) Nous conserverons désormais les mêmes lettres pour désigner l'horizon,
le point de vue et la distance.

PROBLÈME III.

CONSTRUIRE UN CARRÉ PERSPECTIF AU MOYEN DE LA MOITIÉ, DU TIERS, DU QUART, ETC., DE LA DISTANCE.

(Fig. 16.) — Soit ABCE le carré perspectif construit d'après le problème précédent, au moyen de la distance VD.

Nous venons de voir comment, avec la droite AB et la distance entière VD, on parvient à trouver *le point C;* si l'on prend la moitié de la distance au point $\frac{D}{2}$, et la moitié de la droite au point $\frac{AB}{2}$, la ligne qui réunit ces deux points passe aussi nécessairement par C, puisque l'on conserve le même rapport entre les droites.

De même, si l'on prend le $\frac{1}{4}$, le $\frac{1}{8}$, le $\frac{1}{61}$,... de la distance, et que l'on joigne ces points au $\frac{1}{4}$, au $\frac{1}{8}$, au $\frac{1}{16}$,... de la droite, on obtient des lignes qui passent par le point C. Ainsi, en unissant un point quelconque de la distance avec le point correspondant de la droite, on obtient le troisième sommet du carré perspectif.

(Voir la note 3.)

Remarque. — Plus le point pris sur la distance se rapproche du point de vue, plus le point correspondant de AB s'éloigne de A ou se rapproche de B. C'est ce qu'il est essentiel de bien observer.

Le problème qui précède est fort important, par la raison qu'il donne le moyen d'opérer avec facilité lorsque le point de distance se trouve en dehors du tableau. Cette circonstance se présente souvent dans la pratique.

PROBLÈME IV.

ÉTANT DONNÉ UN CARRÉ OU UN RECTANGLE, ON DEMANDE :

1° De le diviser en parties égales ;

2° De le répéter sur l'un de ses côtés ou en un point quelconque de leur prolongement ;

3° De construire un carré inscrit ou circonscrit au carré ou au rectangle donné.

1° (Fig. 17.) — Soit ABCE un rectangle donné. Tirons les diagonales AC et BE, et par leur point de rencontre F menons GH′ parallèle à BC ; cette ligne partagera le rectangle en deux parties égales. Les deux diagonales GB et CH′ du demi-rectangle fourniront F′ et par suite KI, qui partagera en deux également le rectangle H′BCG. En continuant ainsi, on divisera le rectangle ABCE en 2, 4, 8, 16, etc., parties égales.

Le tracé perspectif se fait absolument de la même manière. Dans les deux figures, les lettres sont les mêmes; on peut donc suivre également l'opération sur le tracé perspectif et sur le rectangle vu de face.

2° (Fig. 18.) — Soit donné un rectangle ABCE à répéter sur BI.

Prenons le milieu M de AB et menons par ce point une parallèle aux côtés AE, BC prolongés indéfiniment. Unissons le point A au point L, et par le point G, situé sur son prolongement, traçons GH′ parallèle à EC. Le rectangle ECGH′ est égal au rectangle donné.

En continuant de la même manière, on *répètera* le rectangle autant de fois que l'on voudra.

(Voir les notes 3 et 4.)

(Voir la figure pour le tracé perspectif.)

(Fig. 19.) — Pour répéter le carré ABCE au *point F*, pris à volonté sur le prolongement de BC, tirons FG parallèle à AB et menons les diagonales EF et CG joignons le point K, où elles se croisent, au point A, et par le point H′, situé à l'intersection des lignes AK et BC prolongées, traçons la parallèle H′I. Le carré FGIH′ sera égal au carré donné.

(Voir encore la figure pour le tracé perspectif.)

3° (Fig. 20.) — Enfin, pour construire un carré circonscrit au carré donné ABCE, tirons les diagonales AC et BE indéfiniment. Menons ensuite FG parallèlement à AB, et par les points F et G traçons FI et GH′ parallèles à AE, puis joignons IH′. FGH′I est le carré circonscrit.

Mêmes opérations pour la figure perspective.

Remarque. — Étant donné d'abord le carré FGH′I,

si l'on veut construire un carré inscrit, il est clair qu'il faut opérer d'une manière semblable.

(Voir la note 5.)

PROBLÈME V.

UNE DROITE PARALLÈLE A LA LIGNE DE TERRE ÉTANT DONNÉE, FORMER UN PARQUET EN DALLES CARRÉES. (ÉCHELLE DE FRONT).

(Fig. 21.)—Soient AB la droite donnée, V le point de vue et VD la distance.

Divisons AB en parties égales, en 10 par exemple, et joignons les points 1, 2, 3.... au point de vue et le point A au point de distance.

Par les points de rencontre A′, A″, A‴,..... menons des parallèles à l'horizon, et le carré ABCE renfermera les divisions perspectives des dalles carrées.

Remarquons que $V\frac{D}{2}$ étant la moitié de la distance, en tirant $H'\frac{D}{2}$ on obtient également les mêmes divisions perspectives des dalles.

Échelle de front. — La droite AB, partagée en parties égales, porte quelquefois le nom d'*échelle de front*, parce que la division d'une surface en carrés, à laquelle cette ligne sert de base, donne le moyen d'établir perspectivement différents objets parallèles au plan du tableau.

(Voir la note 6.)

PROBLÈME VI.

DIVISER UNE LIGNE FUYANTE EN PARTIES ÉGALES OU EN PARTIES PROPORTIONNELLES A DES LIGNES DONNÉES.

(Fig. 22.) — Soit AB une ligne fuyante à partager en 6 parties égales.

Par le point A menons AC parallèle à l'horizon, et portons sur cette ligne 6 divisions égales, la première étant prise arbitrairement; joignons le dernier point C avec l'extrémité B et prolongeons cette ligne jusqu'en F.

Si l'on joint maintenant tous les points 1, 2, 3, 4.... au point F, les lignes obtenues seront des fuyantes parallèles (principe III) qui détermineront sur AB les divisions perspectives demandées.

Fig. 23. — S'il fallait diviser la fuyante AB en parties proportionnelles aux droites données *m*, *n* et *p*, on mènerait encore AQ parallèle à HO; on porterait les droites *m*, *n* et *p* de A en M, de M en P et de P en Q; puis on déterminerait le point F en prolongeant BQ, et l'on tirerait FP et FM. La ligne AB serait alors divisée en M′ et P′ proportionnellement aux lignes données.

Observation. (Fig. 24.) — Supposons qu'un dessinateur se trouve en A sur un terrain horizontal et qu'il veuille obtenir le point de fuite de la droite KH′.

Il devra mener par le point de vue A une parallèle perspective à KH′, et prolonger cette ligne jusqu'à l'horizon. Le point de fuite sera en F, car les lignes AE et KH′, étant parallèles, vont concourir au même point sur l'horizon (principe III).

On peut aussi trouver le point de fuite de KH′ ou de BC en déterminant l'angle CBI ou BKH′ que font ces lignes avec la verticale. Il suffit alors de reporter cet angle sur le dessin pour avoir l'apparence perspective de BC ou de KH′, et par suite leur point de fuite.

PROBLÈME VII.

TRACER UNE PARALLÈLE PERSPECTIVE A UNE FUYANTE DONNÉE DONT LE POINT DE FUITE EST SITUÉ HORS DU TABLEAU.

(Fig. 25, pl. III.) — Soient AB la ligne fuyante et K le point donné.

Traçons les verticales KB, SG et CF; la première par le point K, et les deux autres arbitrairement. Menons

FH' parallèle à l'horizon et joignons BH', que nous prolongeons jusqu'en E.

Unissons EK, et, par son intersection I avec GS, construisons l'horizontale IC. La ligne fuyante demandée est KC.

(Fig. 26.) — Si la fuyante BF et le point donné K étaient d'un même côté de l'horizon, la construction serait identique. On peut s'en assurer en reprenant les opérations sur la fig. 26.

Autre solution. — (Fig. 27.) — Soit la fuyante AB. On propose de lui mener par le point E une parallèle perspective.

Abaissons de ce point une perpendiculaire sur l'horizon que nous prolongeons jusqu'en B. Par un point quelconque A, pris sur AB, menons également la perpendiculaire indéfinie AC. Divisons les distances BI et AS en un même nombre de parties égales, et reportons de S en C autant de divisions qu'il s'en trouve de I en E. La ligne CE sera la parallèle demandée.

Remarquóns d'ailleurs qu'en joignant les points 1, 1..., 2, 2..., 3, 3..., toutes les lignes ainsi obtenues sont des fuyantes parallèles.

Si le point E ne tombait pas sur l'une des divisions de BI, il serait toujours facile de placer les deux points E et C entre deux divisions consécutives. L'approximation sera d'autant plus grande que l'on aura divisé la ligne BI en un plus grand nombre de parties égales.

(Voir la note 7.)

PROBLÈME VIII.

UNE LIGNE PERSPECTIVE QUELCONQUE ÉTANT DONNÉE, ON DEMANDE D'EN DÉTERMINER LA LONGUEUR RÉELLE.

Il y a quatre cas à considérer.

PREMIER CAS.

(Fig. 28.) — *La droite donnée AB étant parallèle à l'horizon HO.*

Soit CE la base du tableau. Menons à volonté la ligne FAK et tirons FB jusqu'en M, la distance MK sera la longueur réelle de AB.

Ainsi, supposons que M1 soit égale à un mètre, en joignant 1F, la distance 1'B sur AB correspondra à 1M et servira de mesure pour AB de la même manière que 1M peut servir à mesurer KM.

SECOND CAS.

(Fig. 29.) — *La droite donnée AB passant par le point de vue.*

Il suffit de mener par l'une des extrémités A une parallèle à l'horizon et d'unir l'autre extrémité B au point de distance. La ligne interceptée AB′ sera la droite ramenée parallèlement au tableau. On en trouvera la grandeur réelle en opérant comme dans le premier cas.

(Voir le problème II.)

TROISIÈME CAS.

(Fig. 50.)—*La droite donnée* AB *passant par le point de distance.*

Tirons AK parallèle à l'horizon, puis menons VB jusqu'en E.

Construisons sur AE le carré AEB′C′. La diagonale AB′ sera la longueur réelle de la droite perspective AB.

En effet, d'après cette construction, le carré perspectif AEBC est représenté géométralement par AEB′C′. Les deux diagonales AB et AB′ sont donc égales.

QUATRIÈME CAS.

(Fig. 51.) — *La droite donnée* BA *étant dirigée d'une manière quelconque.*

Menons AE parallèle à l'horizon, joignons l'extrémité B au point V et prolongeons cette ligne jusqu'en E.

Le triangle perspectif AEB étant formé, il reste à en déterminer la grandeur géométrale.

Pour cela, menons EK perpendiculairement à AE et unissons le point B au point de distance. Nous obtenons ainsi EH′ qui représente la longueur réelle de EB. Prenons enfin EB′ égal à EH′ et joignons AB′.

Le triangle AEB′ représente géométralement le triangle perspectif ABE, d'où il suit que le côté AB' est la longueur réelle de AB.

PROBLÈME IX.

UNE LIGNE PERSPECTIVE ÉTANT DONNÉE, ON DEMANDE DE PORTER SUR CETTE LIGNE UNE LONGUEUR ÉGALE A UNE LONGUEUR DONNÉE.

Il y a également quatre cas à considérer.

PREMIER CAS.

(Fig. 28.)—*La ligne perspective donnée AB étant parallèle à la base du tableau.*

Soient *a* la longueur à porter sur AB, et CE la base du tableau. Tirons AF jusqu'en K et prenons KM=*a*. Joignons FM; la longueur demandée est AB.

Lorsque la droite est dans un plan parallèle au tableau, l'opération n'offre aucune difficulté.

(Voir le problème I.)

SECOND CAS.

(Fig. 32.) — *La droite perspective AB passant par le point de vue.*

Sur AK menée parallèlement à l'horizon, portons,

d'après le premier cas, une longueur AB'=a. Unissons le point B' au point de distance. AB est la longueur demandée.

TROISIÈME CAS.

(Fig. 30.) —*La ligne perspective* AB *passant par le point de distance.*

Sur AK parallèle à l'horizon élevons au point A la perpendiculaire AC'.

Lorsqu'une ligne passe par le point de distance, nous avons vu qu'elle forme avec le plan du tableau un angle de 45 degrés (principe V). Ainsi, en partageant l'angle droit KAC' en deux parties égales, la ligne AK' représente la position géométrale de AB.

Portons sur AK' la distance donnée *a* de A en B' et abaissons B'E perpendiculaire à AK; tirons EV; le point B est la perspective du point B' situé dans le plan géométral. Ainsi AB est égal perspectivement à la longueur donnée *a*.

Cette construction est l'inverse de ce qui a été fait dans le troisième cas du problème précédent.

QUATRIÈME CAS.

(Fig. 33.) — *La droite donnée* AH' *étant quelconque.*

Menons AR parallèlement à l'horizon et déterminons la grandeur réelle de l'angle H'AR.

Pour cela, par un point C pris à volonté sur AH', tirons

les lignes indéfinies VCI et DCC'. Élevons, au point I, une perpendiculaire IC''=IC' et joignons AC''. Cette ligne fera avec AR l'angle cherché.

Prenons enfin AB''=a et ramenons le point B'' en B au moyen des perpendiculaires B''B' et B'V. La ligne AB sera égale à AB'' et par suite à la longueur donnée a (1).

PROBLÈME X.

UNE LIGNE FUYANTE ÉTANT DONNÉE, ON DEMANDE DE MENER, PAR UN POINT QUELCONQUE PRIS SUR CETTE LIGNE, UNE DROITE FORMANT AVEC LA PREMIÈRE UN ANGLE DROIT PERSPECTIF.

1° *La ligne perspective passant par le point de vue.* Il suffit de mener, par le point donné, une parallèle à l'horizon.

2° (Fig. 34.)—*La ligne donnée AC passant par le point de distance.*

Menons par le point A pris sur cette ligne une droite qui va aboutir au point de distance D', situé à gauche du point de vue; l'angle CAD' est l'angle demandé.

La construction serait la même si la ligne fuyante donnée était située au-dessus de l'horizon.

(1) Voir le quatrième cas du problème précédent.

Si l'on voulait ne pas faire usage du second point de distance, on tirerait AV, puis on mènerait une parallèle quelconque CE à l'horizon, que l'on prolongerait jusqu'en B de manière à avoir EB=CE. On joindrait enfin AB, et l'angle CAB serait encore l'angle droit demandé.

3° *La ligne donnée AB étant quelconque.*

(Fig. 35, pl. IV.)—Joignons le point A, pris sur cette ligne, au point de vue, par ce dernier point menons la verticale VH' et prenons VD' = D.

Prolongeons ensuite AB jusqu'à l'horizon, joignons FD' et construisons l'angle droit FD'K.

En tirant AK, l'angle BAK sera l'angle droit demandé, car le triangle FAK représente le triangle géométral FD'K couché sur le plan perspectif.

(Voir la note 14.)

1re *Remarque.* — Pour diviser l'angle droit perspectif A en deux parties égales, il faut d'abord diviser l'angle géométral FD'K par D'R', puis joindre le point A au point R'.

On conçoit ce qu'il faudrait faire pour partager ce même angle en 4, 8, 16, etc., parties égales.

2e *Remarque.* — Si l'angle donné était aigu ou obtus, au lieu d'être droit, la solution serait la même. Ainsi FAR ou FAR' représentent les apparences perspectives des angles FD'R ou FD'R'.

PROBLÈME XI.

ÉTANT DONNÉES DEUX LIGNES FUYANTES DONT LE POINT
DE FUITE SE TROUVE SUR L'HORIZON EN DEHORS DU
TABLEAU, ON DEMANDE DE DÉTERMINER CET HORIZON.

(Fig. 36.)—Traçons à volonté entre les fuyantes les
trois lignes AB, EF et CK perpendiculaires à la base du
tableau.

Par les deux extrémités A et B de la plus petite,
tirons les horizontales AI et BS. Joignons EM et FH', et
par le point d'intersection S' de ces lignes, menons l'horizontale HR qui sera l'horizon.

Comme moyen de vérification, on peut joindre CI
et KS, le point d'intersection de ces droites devra également se trouver sur l'horizon.

Remarque. — Ce problème n'est qu'un corollaire de la
première solution du problème VII.

Autre solution.—(Fig. 37.)—Traçons entre les fuyantes
deux verticales quelconques AB et CE. Par les deux extrémités A et B de la plus petite, tirons les horizontales AI et BG, puis par les deux points I et G menons
des parallèles géométrales aux fuyantes données. Leur
point d'intersection K appartiendra à l'horizon, et l'horizontale HO sera la ligne cherchée.

(Voir la note 8.)

DES PLANS INCLINÉS.

Les plans inclinés, tels que les toits, les escaliers, les rampes, etc., ont des horizons particuliers appelés *horizons rationnels* ou *exceptionnels*. Ces horizons dépendent de la position de l'œil de l'observateur et de l'inclinaison des plans; si l'on est placé au pied d'une rampe, l'horizon rationnel de cette rampe se trouve au-dessus de *l'horizon réel* du tableau (1). Si ensuite l'on se transporte au sommet, le résultat est contraire, et *l'horizon rationnel* se trouve au-dessous de *l'horizon réel.*

Lorsque la pente d'un plan incliné change, l'horizon rationnel change aussi, et toutes les lignes situées dans des plans qui ont la même inclinaison, doivent avoir leur point de fuite sur l'horizon rationnel de ces plans.

Tous les problèmes résolus antérieurement peuvent être appliqués, sans exception, aux plans inclinés. Toutefois, il ne faut pas perdre de vue que les plans verticaux ou horizontaux ont toujours pour horizon *l'horizon réel* du tableau. En se rappelant sans cesse cette remarque, il sera facile de mettre en perspective toute espèce de rampe, quelles que soient les variétés de plans qui se présentent.

(1) Nous avons vu que *l'horizon réel* était celui des plans *horizontaux* et *verticaux.* C'est le seul dont nous nous soyons occupé jusqu'à présent.

PROBLÈME XII.

TROUVER L'HORIZON RATIONNEL D'UN PLAN INCLINÉ.

(Fig. 38.)—Soit la pyramide SABC représentant, par exemple, le toit d'un édifice de forme carrée; V le point de vue et VD la distance. On demande de déterminer l'horizon rationnel du plan SAB.

Pour cela, élevons par V la verticale indéfinie VX, joignons le milieu I de AB au sommet de la pyramide et prolongeons cette ligne jusqu'en P; l'horizontale PD″ sera l'horizon rationnel de SAB, et en général de tout autre plan, tel que MRTU ayant la même inclinaison sur le plan perspectif.

Ainsi, *pour trouver l'horizon rationnel d'un plan incliné il faut tracer dans ce plan une perpendiculaire à une horizontale, située à la fois dans le plan donné et dans le plan perspectif. La rencontre de cette ligne avec la verticale menée par le point de vue, détermine toujours la hauteur de l'horizon rationnel.*

On peut encore trouver l'horizon rationnel sans le secours de SI, lorsqu'on connaît l'angle SIV que fait le plan incliné avec le plan perspectif, ou, ce qui est la même chose, avec l'horizon. Dans ce cas, on reporte cet angle au point de distance en VDK; la ligne DK prolongée donne l'intersection P, et partant, la hauteur de l'horizon rationnel, car le triangle perspectif PIV est représenté géométralement par le triangle PVD.

Remarque. — Si l'on reporte la longueur PD sur l'horizon rationnel de P en D″, on obtient le point de fuite de toutes les lignes inclinées de 45 degrés sur AB. Les divisions en tuiles carrées du toit MRTU font voir clairement le parti qu'on peut tirer de la position de ce point.

PROBLÈME XIII.

TRACER UN ESCALIER VU DE PROFIL.

(Fig. 39.) — Après avoir fixé la hauteur BE et la largeur EC, ou B1, des marches, portons EC sur BA autant de fois qu'il y a de marches à construire.

Portons également le même nombre de fois la hauteur BE sur AT. Par les points de division ainsi obtenus, traçons des verticales et des horizontales. Les points d'intersection E, C, F,... détermineront le profil de l'escalier.

Joignons enfin tous les points B, E, C, F,... T au point de vue. Portons sur BV la longueur BK des marches, et menons les lignes KL, LM, MI,... parallèles aux lignes BE, EC, CF,... Nous obtenons ainsi l'escalier demandé.

Remarque. — Si, après avoir arrêté BE et CE qui déterminent la première marche, on joint BC et FE, ces deux droites sont parallèles et comprennent dans leur prolongement toutes les hauteurs des marches. On peut donc s'en servir pour marquer ces hauteurs afin d'éviter les divisions 1, 2, 3,.... 1', 2', 3',...

La ligne BR s'appelle *la ligne de rampe.* Elle forme avec l'horizontale BA la pente de l'escalier, qui est représentée par l'angle RBA. Cet angle est toujours utile à connaître pour construire la perspective d'un escalier, soit de face, soit de côté.

PROBLÈME XIV.

TRACER UN ESCALIER VU DE FACE.

(Fig. 40.)—Ayant mené la ligne AB parallèle à l'horizon, prenons sur la verticale BS la hauteur BC de la première marche, joignons le point C au point de vue, et portons sur cette ligne la largeur CE qui marque le dessus de la première marche.

Portons également sur la verticale BS la hauteur BC autant de fois qu'il y a de marches à construire, et tirons des points de division 1, 2, 3,... des lignes au point de vue.

Par les différents points d'intersection de ces lignes

avec la ligne de pente BE, prolongée indéfiniment, menons les verticales EF, NG, KR,... puis les horizontales CM, EI, FL, NQ;... et nous aurons toute la partie gauche de l'escalier. Quant à la partie droite, on la déterminera de la même manière au moyen de la ligne AI prolongée.

Remarque. — Le dessus des marches cessera d'être visible lorsqu'on dépassera la ligne d'horizon, et une partie de chaque contre-marche sera cachée, comme l'indique le prolongement du profil BCEFN...

(Voir la note 9.)

PROBLÈME XV.

TRACÉS PERSPECTIFS DE DIFFÉRENTES ESPÈCES DE TOITS.

1° (Fig. 41.)—Soit un édifice de forme carrée ou rectangulaire à recouvrir d'un toit pyramidal.

Portons sur l'axe OH', déterminé au moyen du carré perspectif ABCE, la hauteur OH', ou OF, selon l'élévation du toit, puis unissons le sommet F aux points A, B et C.

— La figure indique la marche à suivre lorsque le toit doit avoir une double pente.

2° (Fig. 42.)—Supposons toujours le bâtiment rectangulaire et soit la ligne AB parallèle à l'horizon. Pour construire un toit ainsi que l'indique la figure, traçons d'abord le rectangle perspectif ABCD et divisons-le en deux parties égales par GM parallèle à AB.

Prenons ensuite la distance GH' selon la position à donner aux sommets du toit, puis portons cette distance de M en E; par les points H' et E élevons les verticales H'I et ER égales à la hauteur du toit, et menons enfin IR parallèle à l'horizon; les lignes IA, ID, BR et RC achèveront le toit.

Lorsqu'il y a une double pente, la figure indique suffisamment de quelle manière on doit s'y prendre.

3° (Fig. 43. pl. V.) — Si la ligne AB, au lieu d'être parallèle à l'horizon, concourait au point de vue, il faudrait opérer différemment; dans ce cas, prenons le milieu G de AC et menons GM au point de vue. Portons sur cette ligne les longueurs égales GI et MI' (problème VI), élevons les verticales indéfinies IS et I'R, et sur l'une d'elles déterminons le sommet S du toit; tirons enfin SR au point de vue, et les droites SC, SA et RB termineront le tracé.

4° (Fig. 44.) — Pour tracer le toit de cette fabrique, formons d'abord le triangle ABC au moyen de la verticale IA élevée sur le milieu de BC.

Joignons IV, et par l'intersection I' élevons la verticale I'K qui rencontre en K la ligne AV. La hauteur I'K sera égale à AI. Unissons enfin le point K au point E, et la figure ACEK exprimera la seule face visible du toit.

5° (Fig. 45.) — Si le toit en fronton ABC fuit vers l'horizon, on indique d'abord le milieu E de DI, on mène EK parallèle à l'horizon, et on élève la verticale KA égale à la hauteur du toit; le triangle ABC indique le pignon.

6° (Fig. 46.) — Le toit ABEK a la même forme que celui de la figure 44, mais KE est parallèle à l'horizon. Pour en tracer le contour apparent, indiquons à volonté l'une des arêtes KA, selon la pente du toit, et prolongeons cette ligne jusqu'à sa rencontre avec la verticale VS menée par le point de vue. Le point d'intersection P sert à mener la seconde arête visible BE, ainsi que toutes les lignes passant par les divisions 1, 2, 3, 4,... qui sont ce qu'on appelle les lignes d'inclinaison du toit.

Remarquons que H'O' est l'horizon rationnel du plan ABEK.

Le toit MIQN, ayant la même inclinaison, a le même horizon rationnel. Ainsi les lignes d'inclinaison MN, RU,... aboutissent toutes au point P.

PROBLÈME XVI.

CONSTRUIRE LE TRACÉ PERSPECTIF D'UNE CORNICHE, D'UN ENTABLEMENT OU D'UNE MOULURE QUELCONQUE.

Le procédé le plus simple consiste à se servir de l'axe du bâtiment.

(Fig. 47.) — Soient AL la profondeur de l'édifice, et A l'un des points d'une corniche à placer.

Traçons le carré perspectif ASTL, et menons les diagonales de ce carré, ainsi que la verticale indéfinie I et I', qui représente l'axe du bâtiment. Sur le prolongement de IA, prenons AC égal à la largeur de la corniche. Joignons le point C au point de vue et prolongeons IL jusqu'en G. Menons enfin les horizontales GE et CN qui détermineront le tracé demandé.

1re Remarque. — On peut trouver l'axe du bâtiment sans avoir recours au carré perspectif ASTL. Il suffit pour cela de mener par le point K, milieu de AL, l'horizontale KI, et de joindre le point A au point de distance D; l'intersection de ces deux lignes fournit un point situé sur l'axe de l'édifice.

2e Remarque. — La corniche ACG est placée horizontalement; si elle était inclinée à l'horizon, comme l'indique plus haut BQ, il faudrait encore prolonger BQ jusqu'à l'axe, joindre I'M et tirer du point Q une droite QP au point de vue. La rencontre de cette ligne avec I'M prolongée terminerait la saillie de cette corniche.

Pour des modillons ou pour tout autre ornement à mettre dans la saillie, on doit toujours avoir recours aux points I ou I'.

(Voir la note 10.)

PROBLÈME XVII.

TRACER PERSPECTIVEMENT UNE CIRCONFÉRENCE DE CERCLE DANS UN CARRÉ DONNÉ.

(Fig. 48.) — Soient ABCE un carré perspectif construit

sur AB parallèle à l'horizon, VD' la distance reportée sur la verticale passant par le point de vue.

Menons les diagonales AC et EB; par leur intersection, qui est le centre du cercle, tirons LM parallèle à l'horizon et VF indéfiniment.

Les quatre points G, M, R et L appartiennent à la circonférence cherchée et sont les extrémités de deux diamètres perpendiculaires entre eux.

Pour obtenir d'autres points, décrivons du point F comme centre, avec FL pour rayon, la demi-circonférence LIM; prenons à volonté le point I et abaissons la verticale IK; joignons les deux extrémités de cette ligne au point de vue et au point de distance D', et l'intersection I' sera un point appartenant à la circonférence perspective.

En réunissant par un trait continu une suite de points déterminés de cette manière, nous obtiendrons la circonférence perspective LI'GTMR inscrite dans le carré donné.

1re *Remarque.* — Il suffit d'exécuter l'opération pour le quart de cercle LI'G, car les autres parties de la circonférence s'en déduisent facilement. Ainsi pour reporter le point I' en T, on mène par I' une parallèle à l'horizon et on porte xI' de x en T.

Le point T' au delà du diamètre LM se détermine en portant ST de S' en T'.

2e *Remarque.* — On peut aussi trouver directement tous les points de la circonférence situés au-dessus de LM, en portant la distance VD' en dessous de l'horizon jusqu'en D''. Il suffit alors d'opérer comme il vient d'être fait à l'égard du point D'.

PROBLÈME XVIII.

UNE CIRCONFÉRENCE DE CERCLE ÉTANT DONNÉE EN
PERSPECTIVE, ON DEMANDE DE LA DIVISER EN PARTIES
ÉGALES.

(Fig. 49.)—Soit la circonférence perspective AEBM
à diviser en 16 parties égales.

Du point K comme centre et avec un rayon égal à
KA, décrivons la demi-conférence ALB. Partageons ce
demi-cercle en 8 parties égales.

Par chacun des points de division 1, 2, 3, 4,.. abaissons des perpendiculaires sur le diamètre AB et
joignons les pieds G, H', I, K, L',... au point de vue.
Ces droites déterminent sur la circonférence perspective les divisions demandées.

Ce problème n'est, du reste, qu'une conséquence du
problème précédent.

Remarque. — S'il fallait partager la circonférence en
un nombre impair de parties égales, en 17 par exemple,
on diviserait ALB en 17 parties, puis on abaisserait sur
le diamètre des perpendiculaires de deux en deux de
ces points de division. Le reste s'achèverait comme
précédemment.

PROBLÈME XIX.

DÉCRIRE UNE CIRCONFÉRENCE CONCENTRIQUE A UNE CIR-
CONFÉRENCE PERSPECTIVE DONNÉE.

(Fig. 50.) — Traçons d'abord le carré ABCT, circonscrit au cercle perspectif donné. Le diamètre de ce
cercle est SR ou KK′.

Ayant fixé à volonté l'intervalle SP qui doit séparer
les deux cercles, reportons cet intervalle de Q en R et
joignons les points P et Q au point de vue. Les inter-
sections de ces lignes avec les diagonales du carré don-
neront les quatre points E, F, X et G, qui serviront à
former un carré circonscrit au cercle demandé. Il sera
donc facile de décrire ce cercle en recourant au problème XVII.

Remarque. — La circonférence concentrique que nous
avons tracée est intérieure au cercle donné; si elle
devait être extérieure, la construction serait analogue.

PROBLÈME XX.

ON DEMANDE DE CONSTRUIRE UNE TOUR RONDE ET DE TRA-
CER UNE CIRCONFÉRENCE DE CERCLE PASSANT PAR UN
POINT QUELCONQUE DE SA SURFACE.

(Fig. 51.) — Soient AF la hauteur de la tour et AB
son diamètre.

Pour avoir le contour apparent, déterminons les deux portions de cercle AIKB et FMG, en opérant d'après le problème XVII, et menons ensuite les deux verticales extrêmes AF et BG.

Maintenant. soit X un point de la surface par lequel doit passer une circonférence qui sera nécessairement parallèle à AIKB. Tirons la verticale KN ; la longueur KX exprime l'intervalle constant qui doit séparer les deux circonférences de cercle. Ainsi, en assignant différentes positions à cette ligne, nous obtiendrons une série de points de la courbe cherchée.

Pour y parvenir, construisons sur KX l'échelle fuyante KLX. Toutes les verticales comprises entre KL et LX seront égales entre elles. Menons par un point I, pris arbitrairement sur AKB, une verticale IR et une ligne IP parallèle à l'horizon. Tirons encore la verticale PQ et reportons cette distance de I en Q'. Le point Q' sera un point de la circonférence demandée. Tous les autres points s'obtiendront de la même manière.

(Voir la note 15.)

Remarque.—(Fig. 52.)—Si l'on donnait la saillie BB' et qu'on voulût mener par B' une circonférence concentrique à la première AMB, on se servirait du centre I, de l'axe IS et de la circonférence QRKT.

Ainsi on mènerait B"T jusqu'à l'axe en S, puis par un point quelconque M, on tirerait le rayon MI et la verticale MK, on joindrait SK. La rencontre des deux lignes SK et MI prolongées fournirait un point M' appartenant à la circonférence concentrique cherchée.

PROBLÈME XXI.

TRACER PERSPECTIVEMENT UN HEXAGONE, UN OCTOGONE ET EN GÉNÉRAL UN POLYGONE RÉGULIER D'UN NOMBRE QUELCONQUE DE CÔTÉS.

1° (Fig. 53.)—Soit donné l'hexagone inscrit ABCEFG construit en portant le rayon IC six *fois* sur la circonférence. Remarquons que les diagonales AE, BF et GC passent par le centre I, et qu'en joignant AF et BE, la ligne GC se trouve divisée en quatre parties égales aux points K, I et L.

(Fig. 54.)—Cela posé, pour construire sur *AB* un hexagone perspectif, joignons AV et BV, marquons la profondeur EF selon la distance, tirons AE et BF, et par leur point d'intersection I menons GC parallèle à AB. Il suffit de porter IK de K en G et de L en C, puis de joindre AG, GF, EC et BC pour avoir l'hexagone demandé.

2° (Fig. 55, pl. VI.)—Soient donnés l'octogone régulier ABCEFGIK et le carré circonscrit RLST.

Si l'on prolonge la droite CL ainsi que la diagonale BI, le triangle CBM ainsi formé est rectangle, l'angle en B est droit, le côté BC est égal à BM et l'hypoténuse CM est partagée en deux parties égales au point L. Remar-

quons encore que la ligne RS donne les points d'intersection P et Q sur les parallèles KC et IE.

Ces observations suffisent pour établir l'octogone
perspectif.

(Fig. 56.)—Soit AB le côté de l'octogone à construire.
Menons géométralement AM perpendiculaire sur AB et
de même longueur que cette ligne, joignons BM,
prenons L' milieu de BM, portons la longueur BL' de B
en L et de A en R, et tirons RV, AV, BV et LV. La
profondeur ST étant marquée selon la distance, la
figure RLST représente le carré circonscrit. Menons la
diagonale RS, et par les points P et Q conduisons les
horizontales KC et IE, il ne reste plus qu'à joindre BC,
EF, GI et KA pour obtenir l'octogone demandé.

3°. En général un polygone régulier pouvant toujours être inscrit dans une circonférence de cercle, il
sera facile de le construire perspectivement; pour cela,
il suffit de mettre la circonférence en perspective et de
la partager en autant de parties égales que le polygone
contient de côtés (problème XVIII). On joint enfin les
points de division par des droites.

La fig. 49 offre l'exemple d'un polygone régulir-
de 16 côtés, qu'on peut inscrire dans la circonfée
rence AEBM, si l'on joint, par des droites, les points
de division 1, 2, 3, 4, 5,.....

PROBLÈME XXII.

TRACER PERSPECTIVEMENT UNE OGIVE DONT LA LARGEUR
ET LA HAUTEUR SONT CONNUES.

(Fig. 57.) — Soit la courbe ogivale ACB tracée dans
un plan parallèle au tableau, AB la largeur et 3 C la
hauteur. On propose de décrire une ogive égale sur
A'B', longueur perspectivement égale à AB.

Divisons AB en parties égales, et par chaque point de
division élevons des verticales jusqu'à la rencontre de
l'ogive aux points E, I, K et G ; par ces points tirons
des horizontales jusqu'en LM.

Joignons ensuite L, R, S et T au point de vue, puis
divisons la largeur A'B' en autant de parties égales qu'il
y en a de A en B, et par les points de division
menons des verticales jusqu'à la rencontre des droites
LV, RV, SV et TV, aux points E', I', C', K', et G'.
Réunissant ces points, la courbe A'C'B' représente l'ogive
perspective.

L'ogive suivante se trouvera de la même manière.

L'ogive A"C"B" tracée dans un plan plus éloigné,
mais parallèle au tableau, peut aussi servir à déterminer
les ogives fuyantes. Le procédé est absolument le même,
ainsi que l'indique la figure.

Remarque. — Cette méthode est applicable non-seulement aux courbes ogivales, mais encore à toutes les
courbes que peuvent présenter les voûtes surbaissées.

PROBLÈME XXIII.

TRACER PERSPECTIVEMENT L'INTRADOS D'UNE VOUTE.

Il y deux cas à considérer ; la voûte peut être vue de face ou fuyante.

PREMIER CAS.

(Fig. 58.) — Soit la voûte en plein cintre CME à représenter de face.

Joignons EV, CV, BV et AV, et traçons KS selon la profondeur de l'édifice. Construisons enfin le rectangle SKK'S' égal perspectivement au rectangle ABEC.

Le point I étant le centre du demi-cercle CME, tirons IV, et du point P comme centre avec le rayon PK décrivons le demi-cercle SRK qui terminera la profondeur de la voûte.

Les autres demi-cercles intérieurs seront décrits des points I', I'', I'''..., comme centres avec les rayons I'E', I''E'', I''', E'''... Quant aux distances EE', E'E''..., on les déterminera d'après le problème III.

Si la voûte, au lieu d'être en plein cintre, était surbaissée, ou surhaussée, il faudrait opérer d'une autre manière :

(Fig. 59.) — Soit la voûte surbaissée AIKB.

Joignons AV et BV et prenons AQ égale à la profondeur de la voûte ; construisons ensuite le rectangle

ABRQ. Les deux points Q et R sont déjà les extrémités de la courbe cherchée.

Pour obtenir d'autres points, prenons K à volonté et abaissons la verticale KE, joignons KV et EV. Par le point E' élevons enfin une verticale indéfinie dont la rencontre avec la ligne KV fournira un point de la courbe.

En opérant de la même manière on obtiendra autant de points que l'on voudra pour tracer exactement le profil limité de la voûte surbaissée.

Il est clair que les opérations seraient absolument identiques si la voûte était surhaussée.

DEUXIÈME CAS.

(Fig. 60.) — Soient, en second lieu, AF'B l'ogive fuyante et BC la profondeur de la voûte.

Pour construire l'ogive perspective qui termine cette voûte, tirons FB et FC indéfiniment. Ces deux lignes constituent une échelle fuyante horizontale dans laquelle toutes les lignes parallèles à BC sont égales entre elles.

Prenons à volonté un point E et menons la verticale EB', puis l'horizontale B'C'. Reportons enfin cette dernière de E en I, et le point I ainsi trouvé sera un point de la courbe cherchée.

En continuant de la même manière, nous obtiendrons l'ogive perspective CIL.

PROBLÈME XXIV.

TRACER PERSPECTIVEMENT LES COURBES D'INTERSECTION
DE DEUX VOUTES QUI SE CROISENT A ANGLE DROIT.

(Fig. 61.)—Soient les deux voûtes perpendiculaires
et en plein cintre recouvrant l'espace projeté suivant le
carré ABCE.

Tirons, dans ce carré, les diagonales AC et BE, qui
représenteront les projections des courbes demandées,
et décrivons la demi-circonférence LRL' dans un plan
parallèle au tableau.

Pour obtenir un point quelconque des courbes d'intersection, — de celle, par exemple, correspondante à
la demi-diagonale AS, — menons la ligne indéfinie Vx
et les verticales xx', yy'; joignons le point x' au point V,
et le point y', intersection des lignes Vx' et yy', sera le
point cherché.

En continuant à opérer de la même manière, nous
obtiendrons autant de points que nous voudrons de la
courbe d'intersection Ly'P'S'.

Les autres parties de courbe seront déterminées en
opérant sur les demi-diagonales SE, SB et SC.

1re *Remarque.* — Les deux courbes d'intersection se
croisent au point S', qu'il faut, dans tous les cas, déter-

miner rigoureusement au moyen du point d'intersection des diagonales MP et TR'.

2ᵉ *Remarque.* — La partie de courbe GI'N'S' s'obtient en même temps que la partie Ly'P'S'. La figure indique suffisamment la marche à suivre.

3ᵉ *Remarque.* — Les opérations qui viennent d'être décrites sont générales et applicables à toutes les voûtes.

PROBLÈME XXV.

TRACÉS PERSPECTIFS DES LIGNES DE REFLETS SUR LA SURFACE DES EAUX (1).

La détermination des lignes de reflet sur la surface des eaux dépend entièrement de la construction des figures symétriques.

(Fig. 62.) — Deux figures sont symétriques entre elles lorsque, ayant une base commune HEFG, les sommets des angles correspondants A et A', B et B', etc., sont situés sur une même droite perpendiculaire au plan de la base et à égale distance de ce plan, en sorte qu'on a AI = A'I, BK = B'K, CL = C'L, etc...

---

(1) C'est une illusion d'optique qui nous fait voir le reflet ou le mirage d'un objet dans un sens renversé. Les reflets sont réellement placés horizontalement sur la surface des eaux. Si nous les voyons autrement, c'est parce que l'angle d'incidence d'un reflet est égal à l'angle de réflexion.

La réflexion d'un corps est symétriquement égale à ce corps, et c'est toujours à partir du niveau de l'eau qu'on doit tracer l'image renversée des objets réfléchis. Il faut donc s'occuper d'abord de la ligne de niveau et rechercher ensuite le reflet du pied de l'objet à reproduire ou la hauteur du terrain sur lequel il repose. Cela fait, on obtient facilement, d'après le principe exposé plus haut, la réflexion complète de l'objet.

Les points de fuite sur l'horizon des lignes parallèles servent aussi de points de fuite aux reflets de ces lignes.

(Fig. 63, pl. VII.)—Les nuages et les astres reflétés dans l'eau doivent s'indiquer symétriquement à partir de la ligne d'horizon. Ainsi le soleil placé en T a son reflet au point T' également distant du point P.

Lorsqu'une droite xy est inclinée sur la surface de l'eau, on obtient son reflet en abaissant yz jusqu'au niveau de l'eau et en prenant $zy' = zy$. La ligne xy' est la réflexion de xy.

Pour construire le reflet de la tour M, on recherche d'abord le niveau de l'eau. Pour cela, on prolonge ES jusqu'en A, on mène AA', puis A'S' qui représente ce niveau ; on achève enfin l'opération comme il a été dit pour les lignes symétriques.

Le reflet de l'arche du pont FGC se détermine en traçant deux demi-circonférences renversées des points I et I' comme centres, et avec les rayons IC et I'C' qui ont servi à décrire FGC, ainsi que la profondeur de la voûte.

Si, au lieu d'un plein cintre, on avait à obtenir la réflexion d'une voûte surbaissée, ou surhaussée, on opérerait par points, comme il a été expliqué antérieurement.

. Ainsi, l'ogive perspective LNP est réfléchie en LN'P de telle sorte que les deux courbes sont symétriquement placées par rapport à la ligne de niveau LP.

. Ces exemples suffisent . pour faire comprendre les opérations à effectuer dans tous les cas possibles.

THÉORIE ÉLÉMENTAIRE

DE LA

PROJECTION DES OMBRES.

THÉORIE ÉLÉMENTAIRE

DE LA

PROJECTION DES OMBRES.

———

On appelle *ombre,* en général, tout espace privé de lumière par l'interposition d'un corps opaque devant un foyer lumineux.

En perspective, l'ombre n'est que la projection de cet espace sur la surface qui la reçoit, ou bien, ce qui est la même chose, c'est l'intersection d'un plan ou d'une surface déterminée dans le solide qui représente l'ombre. On l'appelle *ombre portée.*

La forme et la grandeur d'une ombre portée dépendent des dimensions relatives du corps opaque et du foyer lumineux.

L'ombre jetée par un corps opaque placé dans une position déterminée, suit la direction des rayons lumineux en restant toujours directement opposée au foyer.

Dans un milieu homogène, la lumière se propage en ligne droite; il suit de là que les rayons du soleil et de la lune peuvent être considérés comme parallèles à cause de la distance considérable qui nous sépare de ces astres.

Le corps opaque peut être ou plus grand, ou égal, ou plus petit que le foyer lumineux.

Dans le premier cas, l'ombre portée est comprise entre deux lignes droites divergentes, qui s'écartent d'autant plus que l'on s'éloigne davantage du corps.

Dans le second cas, l'ombre portée se trouve comprise entre deux lignes parallèles, c'est-à-dire que sa largeur est partout égale.

Enfin, dans le dernier cas, les deux lignes qui comprennent l'ombre portée sont convergentes, et cette ombre se termine en pointe. On dit alors qu'elle est finie.

Au lever et au coucher du soleil, la longueur des ombres est infinie sur la surface de la terre, quand cette surface est horizontale. Plus le soleil s'élève, plus les ombres diminuent; elles sont égales à la hauteur du corps qui les projette, lorsque l'astre est à 45 degrés.

Le soleil ou la lune peuvent occuper trois positions différentes relativement au tableau :

1° Ils peuvent se trouver dans le plan même du tableau, prolongé indéfiniment.

Dans ce cas, toutes les ombres portées par des verticales sur un plan horizontal sont parallèles à la base du tableau ou à la ligne d'horizon, et les ombres portées par ces mêmes lignes sur un plan incliné sont parallèles à l'inclinaison du plan.

2° Le soleil ou la lune se trouvant derrière le tableau ou devant le spectateur.

Les apparences perspectives des ombres portées ont leur point de fuite sur la ligne d'horizon, au pied de la verticale passant par le centre de l'astre.

5° Enfin, le soleil ou la lune étant devant le tableau ou derrière le spectateur.

On obtient encore les ombres portées par des rayons parallèles fuyants, mais le point de fuite se trouve au-dessous de l'horizon à une distance égale à l'élévation de l'astre.

Nous allons déterminer la perspective de l'ombre pro-jetée par une verticale sur un plan horizontal dans cha-cune des positions qui viennent d'être indiquées. Tous les cas particuliers qui se présentent dans la pratique pourront être facilement résolus à l'aide de ces géné-ralités.

PREMIER CAS.

Le soleil ou la lune se trouvant dans le plan du tableau.

(Fig. 64.) — Soient HO l'horizon et AB la verticale donnée. Par le point B menons BC parallèle à la ligne d'horizon, et, par l'extrémité A, tirons AC dans la direc-tion des rayons lumineux. La longueur BC exprimera l'ombre portée par AB.

On procédera de la même manière pour obtenir l'om-bre portée par *ab* et par la figure M.

DEUXIÈME CAS.

Le soleil ou la lune se trouvant derrière le tableau ou devant le spectateur.

(Fig. 65.) — Soient S la position apparente du soleil dans le tableau, HO la ligne d'horizon et AB la verticale dont on veut déterminer l'ombre portée.

Abaissons du centre de l'astre S la perpendiculaire SP sur la ligne d'horizon. Le point P est le point de fuite de toutes les ombres projetées par des verticales sur le terrain perspectif. Ainsi, en tirant les lignes indéfinies PB et SA, on déterminera BC qui est l'ombre portée par la verticale AB.

On obtiendra de même l'ombre de *ab* et celle de la figure M.

Lorsque la position apparente du soleil est en dehors des limites du tableau, on opère de la manière suivante :

(Fig. 66.)—Ayant mené, par un point P″ pris à volonté sur l'horizon, les lignes SP″, AP″ et BP″, on les divise proportionnellement aux points A′, B″ et B′, puis on abaisse la verticale A′ P′ et on joint P′ B′.

L'ombre portée par AB se déterminera en menant par les points A et B des parallèles aux lignes A′ B″ et P′ B′.

Cette construction, toute géométrique, repose sur les propriétés des triangles semblables.

TROISIÈME CAS.

Le soleil ou la lune étant devant le tableau ou derrière le spectateur.

(Fig. 67.)—Soit BP la direction de l'ombre portée par la verticale AB.

Par le point P menons la verticale SS′ égale au double de la hauteur SP de l'astre au-dessus de l'horizon. Le point S′ sera le point de fuite des rayons lumineux.

Ainsi, l'extrémité C de l'ombre portée par AB se déterminera en joignant le point A au point S'.

Les ombres portées par *a b* et par la figure M s'obtiendront de la même manière.

Si le soleil était placé de telle sorte que le prolongement de l'ombre portée ne rencontrât pas l'horizon dans les limites du tableau, on procéderait comme dans le second cas.

(Fig. 68.)—Ainsi, on tirerait à volonté les lignes AF, BF et S'F. On prendrait la moitié, le tiers ou le quart de AF au point A', on mènerait A' B' verticalement, puis B'P'' parallèle à BC, et, enfin, P''S'' parallèle à AB. La ligne droite A' S'' servirait à déterminer la ligne AC, et par conséquent le point C.

Remarque. — (Fig. 69.) — Pour trouver l'ombre portée par la verticale AB sur le plan incliné EDFG, on trace l'horizon rationnel V'K. Le pied P de la verticale SP est le point de fuite de toutes les ombres portées par des verticales sur le plan incliné. Il suffit donc de joindre PB et SA pour obtenir BC, ombre cherchée.

APPLICATIONS.

Nous terminerons cette théorie en y ajoutant subsidiairement la perspective de l'ombre projetée par une oblique dans chacun des cas particuliers qui viennent d'être exposés.

PREMIER CAS.

(Fig. 70.) — Soient AB l'oblique donnée et HO l'horizon.

Abaissons AP et BK perpendiculairement au terrain perspectif, puis déterminons les ombres PA′ et KB′ de ces verticales.

La droite A′B′ est l'ombre projetée par AB.

Remarque. — Si ABKP est un mur vertical et de la forme d'un trapèze, la perspective de l'ombre portée par ce mur est PKB′A′.

DEUXIÈME CAS.

(Fig. 71.)—Soit AB l'oblique donnée. On détermine DA′ et EB′, ombres portées par les verticales AD et BE, puis on joint A′B′.

Remarque. — DA′B′E est la perspective de l'ombre portée par le plan ABED.

TROISIÈME CAS.

(Fig. 72.)—Soient HO l'horizon, *AB* l'oblique donnée et S′ le point de fuite des rayons lumineux.

Menons les verticales AD et BC et déterminons les ombres DA′ et CB′ projetées par ces lignes. La droite A′B′, qui joint leurs extrémités, exprime la perspective de l'ombre cherchée.

Remarque. — (Voir la fig. 69.) — Pour obtenir l'ombre que projette l'oblique AA′ sur le plan incliné EDFG, on opère d'une manière semblable; ainsi on détermine les ombres portées par les verticales AB et A′B′, puis on tire la droite CC′ entre leurs extrémités.

BB′C′C est l'apparence perspective de l'ombre projetée par le trapèze AA′BB′ sur le plan incliné.

SUPPLÉMENT.

SUPPLÉMENT.

Note 1.

—

PROBLÈME I.

(Fig. 73.) — Il résulte de ce problème et de ce que l'on a dit page 3, que pour agrandir un objet sans en altérer les formes, il suffit de le rapprocher de la ligne d'horizon. Ainsi l'arbre DE est trois fois plus élevé que l'arbre AC.

On peut encore agrandir cet arbre en conservant son sommet à la même distance de l'horizon. Il faut alors rapprocher son pied A de la même ligne. L'arbre A'C' est plus grand que l'arbre AC.

Note 2.

—

PROBLÈME II.

A l'aide du plan géométral, c'est-à-dire d'une surface perpendiculaire au tableau, on peut mettre en perspective des figures quelconques. Mais ce procédé est long et offre plusieurs inconvénients. Les problèmes que nous donnons conduisent plus rapidement au résultat. Cependant nous indiquerons la méthode du plan géométral en l'appliquant au problème II. Cet exemple servira à confirmer explicitement les solutions des problèmes VIII et IX.

(Fig. 74.) — Soient MN le tableau et ABEC un carré tracé dans le plan géométral. Pour en obtenir la perspective, prolongeons CA et BE jusqu'en G et I. Menons VG et VI, et du point G comme centre décrivons les arcs de cercle AA″ et CL. Joignons enfin A″D et LD. A′ sera la perspective du point A, et C′ celle de C. Donc les parallèles à l'horizon A′B′ et C′E′ détermineront le carré perspectif cherché A′B′E′C′.

Note 3.

—

PROBLÈME II.

(Fig. 75.) — En joignant CD on détermine le point F et par conséquent un nouveau carré E′CEF placé à la suite du premier. On obtiendra de la même manière E′FH′G, H′GIK, etc.

(Fig. 76, pl. VIII.) — Si la droite AB est verticale, on tire AV et BV et l'on joint le point B au point de distance porté sur la verticale élevée par le point de vue.

La diagonale AE prolongée aboutit en D‴, point de distance au-dessous de l'horizon.

Le tracé du cube BK peut donc se faire soit avec la distance portée sur l'horizon, soit avec la verticale qui passe par le point de vue et qu'on nomme *verticale principale*.

Note 4.

PROBLÈME III.

(Fig. 77.)—Soit ABCE un carré perspectif déterminé au moyen du huitième de la distance.

Si l'on veut obtenir sur le prolongement des côtés AE et BC des carrés égaux, il faut joindre le point $\frac{D}{8}$ aux points de division 7, 6, 5, 4, ... et par les différents points de rencontre F, H', K,. . . . de ces lignes avec VB, mener des parallèles à l'horizon. ECFG, GFH'I, IH'KL, sont les carrés cherchés.

On opérerait de la même manière pour une fraction quelconque de la distance.

Note 5.

PROBLÈME IV.

(Fig. 78.) — Soient BP et ER deux verticales qu'on veut reporter sur BV un certain nombre de fois et à la même distance BE.

On prend AM=MB. On joint AV, puis on tire AL.
La verticale menée par G donne le rectangle H'CEG=
CEBA.

On obtiendra la verticale suivante en unissant
CL', etc.

La ligne d'horizon sert donc, dans ce cas, à simplifier
le tracé.

Note 6.

—

PROBLÈME V.

(Fig. 79.) — Soit ABCE un carré perspectif dont la
surface est partagée en dalles carrées. Remarquons que
AB étant divisé en parties égales, les parallèles A'B',
A"B", EC sont aussi divisées en parties égales. Donc, si
l'on veut ajouter quelques dalles dans l'espace compris
entre BK et BV, il faut prolonger EC vers M, porter
la partie CG sur ce prolongement autant de fois que
possible, joindre ces points au point de vue et prolonger A'B', A"B" jusqu'à la rencontre de KM.

Note 7.

—

PROBLÈME VII.

On peut résoudre ce problème au moyen de l'échelle
fuyante.

(Fig. 80.)—Soient AB la fuyante donnée et C le point
par lequel on veut lui mener une parallèle.

Tirons les verticales CB et KG et les lignes quelconques FB et FC. Ces dernières forment une échelle fuyante. Menons KE parallèle à l'horizon, abaissons la verticale EF′, et reportons cette longueur de K en G. La ligne droite CG sera la parallèle cherchée.

(Fig. 81.)—Si le point C et la droite AB étaient d'un même côté de l'horizon, la solution n'éprouverait pas de modification :

On mènerait les verticales BM et KN, on formerait l'échelle fuyante BFC, puis on déterminerait EF′ et par suite le point G.

Note 8.

—

PROBLÈME XI.

(Fig. 80.)— Soient GC et BA les deux fuyantes, et supposons qu'il s'agisse de déterminer l'horizon. Tirons à volonté les deux verticales BC et KG, menons les horizontales K*m* et G*n*, et par un point quelconque E abaissons la verticale EF′. Joignons BE et CF′, ces deux lignes prolongées fourniront, par leur intersection, un point de la ligne cherchée.

(Fig. 81.)— Si les fuyantes sont d'un même côté de l'horizon, l'opération reste semblable. Ainsi, l'on mène les verticales BM et KN, puis les horizontales KE et GF′. On abaisse EF′ à volonté et l'on tire BE et CF′. Ces lignes prolongées donnent le point F sur l'horizon.

Note 9.

—

PROBLÈME XIII.

La figure 82 représente le même escalier que celui de la figure 40. Les marches fuient obliquement, mais le tracé indique clairement les opérations à effectuer.

Note 10.

—

PROBLÈME XVI.

(Fig. 83.) — Supposons qu'il s'agisse de tracer un profil perspectif sans avoir recours à l'axe.

Après avoir mené AB et tiré AE et AD′, on divise l'angle droit perspectif EAD′ en deux parties égales par AD (problème X). On joint l'intersection M de cette ligne avec BR au point de vue, et l'on tire DM′ jusqu'en D′. Il suffit d'unir ce dernier point au point C pour avoir le profil cherché.

Note 11.

—

PROBLÈME XVII.

TRACER PERSPECTIVEMENT UNE CIRCONFÉRENCE DE CERCLE.

Construction géométrale. — (Fig. 84.)—Soit ACBD le

carré circonscrit au cercle EH'FG. Tirons les diagonales AB et DC et les diamètres EF et GH'.

Prenons la cinquième partie de AC, au point $\frac{1}{5}$, élevons la perpendiculaire $\frac{1}{5}$, $(\frac{1}{5})'$ et tirons AF. La rencontre de ces lignes donne un point I qui appartient au cercle.

Prenons ensuite le milieu de A $\frac{1}{5}$. La distance A $\frac{1}{10}$ exprime la dixième partie de AC. Élevons une perpendiculaire par le point $\frac{1}{10}$, et unissons AG. Le point d'intersection K de ces lignes appartient encore au cercle donné.

En opérant de la même manière dans chacune des autres parties du cercle, on obtient douze points en y comprenant les quatre points G, E, H' et F extrémités des diamètres.

Construction perspective. — L'opération est semblable à la construction plane, on peut donc la suivre sur le tracé perspectif. (Fig. 84 *bis*.)

Remarquons que les divisions $\frac{1}{5}$ et $\frac{1}{10}$ donnent immédiatement les points $(\frac{1}{5})'$ et $(\frac{1}{10})'$. En sorte qu'en tirant DF et DH', on détermine les points I' et K' dans le quart de cercle suivant.

— On voit combien la méthode que nous donnons est plus générale que celle-ci. Quand un cercle est d'un petit rayon, quelques points suffisent, sans doute, pour en tracer la perspective. Mais quand il faut opérer sur de grandes circonférences, et c'est ce qui se présente généralement dans la pratique, on a besoin de déterminer un grand nombre de points. Nous avons voulu indiquer la méthode adoptée jusqu'aujourd'hui pour qu'on puisse apprécier tous les avantages de la solution que nous proposons.

(Fig. 85.)—Pour opérer avec une fraction de la distance, avec le quart, par exemple, on prend KS' égal au quart de KI et l'on joint S' au point $\frac{D}{4}$. L'intersection de cette ligne avec VK prolongé donne le point I'. Les autres points de la circonférence s'obtiennent de la même manière.

Note 12.

—

PROBLÈME XVII.

(Fig. 86.) — Si AB n'est pas parallèle à l'horizon, on cherche d'abord le carré ABCE, *puis on mène SL qui partage ce carré en deux rectangles égaux.* Cette ligne SL sert à construire un nouveau carré FGH'I, égal au premier, dont la base est parallèle à l'horizon. Dès lors, en opérant dans ce carré comme on vient de l'indiquer, on obtient un cercle perspectif inscrit à la fois dans les deux carrés et qui répond à la question.

Pour reporter la longueur KL de K en R, on opère d'après le problème VIII, 4me cas. Ainsi on joint le point L aux points V et D, de manière à avoir QM. Par le point M on mène la verticale MP égale à MQ et l'on joint KP; cette longueur portée de K en R et de K en R' donne R'R $=$ SL. et sert, concurremment avec la distance et le point de vue, à construire le carré FGH'I.

Note 13.

—

PROBLÈME XX.

(Fig. 87.)—Il existe un autre moyen, également fort simple, de faire passer par le point donné X une circonférence parallèle à la circonférence AIKB.

Ce moyen consiste à mener par le point X et par différents points de la circonférence AIKB des verticales jusqu'à l'horizon et à les partager en un même nombre de parties égales. Il est clair que les points de division correspondants appartiennent à des circonférences parallèles à AIKB. C'est ainsi que sont tracées les courbes 1.1,1... 2,2,2... 3,3,3...

Pour obtenir la circonférence passant par le point X, pris sur la tour, il suffit d'examiner entre quelles divisions ce point est compris, puis de mener la courbe YQ'XQ, entre les divisions correspondantes sur les autres verticales.

Note 14.

—

PROBLÈME X.

(Fig. 88.)—Si le point F tombait hors du tableau, on opérerait avec une fraction de la distance; on prendrait, par exemple, le milieu de VD' et de AV. Par le point C on mènerait CF′ parallèle à AB, on joindrait F′K, puis on construirait l'angle droit F′KG. Enfin on tirerait CG, et la parallèle à cette ligne, menée par le point A, déterminerait l'angle droit demandé.

FIN.

TABLE DES MATIÈRES.

	PAGES.	FIGURES.
Préface	1	—
NOTIONS PRÉLIMINAIRES.	1	—
Tableau.	1	—
Rayon visuel.	1	—
Angle visuel.	1	—
Cause de la diminution apparente des objets.	2	—
Perspective d'un point, d'une droite et d'un polygone. .	2	—
Horizon réel.	3	4, 5 et 6.
Horizon fictif	3	—
Point de vue.	3	4.
Ligne de terre ou base du tableau.	4	—
Distance.	4	—
Point de distance.	4	7.
DES PRINCIPES	5	—
PREMIER PROBLÈME. — *Déterminer la grandeur d'une figure placée en un point quelconque du tableau* . .	8	10.
Echelle de proportion	8	10.
Conséquences de ce tracé.	9	10, 11, 12, 13 et 14.
PROBLÈME II. — *Une droite parallèle à la ligne d'horizon étant donnée, l'on propose de construire, sur cette droite, un carré perspectif.*	11	15.
PROBLÈME III. — *Construire un carré perspectif au moyen de la moitié, du tiers, du quart, etc., de la distance*	12	16.

	PAGES.	FIGURES.
PROBLÈME IV. — *Étant donné un carré ou un rectangle, on demande :*		
1º De le diviser en parties égales ;	13	17.
2º De le répéter sur l'un de ses côtés ou en un point quelconque de leur prolongement ;	14	18 et 19.
3º De construire un carré inscrit ou circonscrit au carré ou au rectangle donné ;	14	20.
PROBLÈME V. — *Une droite parallèle à la ligne de terre étant donnée, former un parquet en dalles carrées.* (Échelle de front)	15	21.
PROBLÈME VI. — *Diviser une ligne fuyante en parties égales ou en parties proportionnelles à des lignes données.*	16	22 et 23.
PROBLÈME VII. — *Tracer une parallèle perspective à une fuyante donnée dont le point de fuite est situé hors du tableau.*	17	25, 26 et 27.
PROBLÈME VIII. — *Une ligne perspective quelconque étant donnée, on demande d'en déterminer la longueur réelle.*	19	28, 29, 30 et 31.
PROBLÈME IX. — *Une ligne perspective étant donnée, on demande de porter sur cette ligne une longueur égale à une longueur donnée.*	21	28, 32, 30 et 33.
PROBLÈME X. — *Une ligne fuyante étant donnée, on demande de mener, par un point quelconque pris sur cette ligne, une droite formant avec la première un angle droit perspectif.*	23	34 et 35.
PROBLÈME XI. — *Étant données deux lignes fuyantes dont le point de fuite se trouve sur l'horizon en dehors du tableau, on demande de déterminer cet horizon.*	25	36 et 37.
DES PLANS INCLINÉS.	26	—
PROBLÈME XII. — *Trouver l'horizon rationnel d'un plan incliné.*	27	38.
PROBLÈME XIII. — *Tracer un escalier vu de profil.*	28	39.
PROBLÈME XIV. — *Tracer un escalier vu de face.*	29	40.
PROBLÈME XV. — *Tracés perspectifs de différentes espèces de toits.*	30	41, 42, 43, 44, 45 et 46.
PROBLÈME XVI. — *Construire le tracé perspectif d'une corniche, d'un entablement ou d'une moulure quelconque.*	52	47.
PROBLÈME XVII. — *Tracer perspectivement une circonférence de cercle dans un carré donné.*	33	48.
PROBLÈME XVIII. — *Une circonférence de cercle étant donnée en perspective, on demande de la diviser en parties égales.*	35	49.

	PAGES.	FIGURES.
PROBLÈME XIX. — *Décrire une circonférence concentrique à une circonférence perspective donnée.*	36	50.
PROBLÈME XX. — *On demande de construire une tour ronde et de tracer une circonférence de cercle passant par un point quelconque de sa surface.*	36	51 et 52.
PROBLÈME XXI. — *Tracer perspectivement un hexagone, un octogone et en général un polygone régulier d'un nombre quelconque de côtés.*	38	53, 54, 55 et 56.
PROBLÈME XXII. — *Tracer perspectivement une ogive dont la largeur et la hauteur sont connues.*	40	57.
PROBLÈME XXIII. — *Tracer perspectivement l'intrados d'une voûte.*	41	58, 59 et 60.
PROBLÈME XXIV. — *Tracer perspectivement les courbes d'intersection de deux voûtes qui se croisent à angle droit.*	43	61.
PROBLÈME XXV. — *Tracés perspectifs des lignes de reflets sur la surface des eaux.*	44	62 et 63.
THÉORIE ÉLÉMENTAIRE DE LA PROJECTION DES OMBRES.	47	—
Considérations générales.	49	—
Tracés perspectifs de l'ombre, projetée par une verticale sur un plan horizontal, dans chacune des trois positions différentes que le soleil ou la lune peuvent occuper relativement au tableau.	51	64, 65, 66, 67, 68 et 69.
APPLICATIONS.	53	70, 71.
SUPPLÉMENT.	55	72 et 69.
NOTE 1. (Problème I).	57	73.
NOTE 2. (Problème II).	57	74.
NOTE 3. (Problème II).	58	75 et 76.
NOTE 4. (Problème III).	59	77.
NOTE 5. (Problème IV).	59	78.
NOTE 6. (Problème V).	60	79.
NOTE 7. (Problème VII).	60	80 et 81.
NOTE 8. (Problème XI).	61	80 et 81.
NOTE 9. (Problème XIII).	62	82.
NOTE 10. (Problème XVI).	62	83.
NOTE 11. (Problème XVII).	62	84 et 84 bis.
NOTE 12. (Problème XVII)	64	86.
NOTE 13. (Problème XX).	65	87.
NOTE 14. (Problème X).	65	88.

FIN DE LA TABLE DES MATIÈRES.

www.ingramcontent.com/pod-product-compliance
Lightning Source LLC
Chambersburg PA
CBHW071421220526
45469CB00004B/1375